तेरे मेरे दरमियाँ

शब्दों में ढली धड़कनों की सरगम

Garima Ashok

BookLeaf Publishing
India | USA | UK

Made with ❤ on the BookLeaf Publishing Platform
www.bookleafpub.in
www.bookleafpub.com

Dedication

यह पुस्तक समर्पित है–

उन सभी दिलों को,
जिन्होंने प्रेम को महसूस किया है,
कभी मुस्कुराहट बनकर,
कभी आँसुओं की बूंद बनकर।

उन आत्माओं को,
जिन्होंने प्रेम को जिया,
चाहे वह मिला हो या अधूरा रह गया हो,
पर सच्चा हमेशा रहा।

और सबसे बढ़कर,
उस अनदेखी शक्ति को,
जिसने प्रेम को जीवन का
सबसे पवित्र एहसास बनाया।

Preface

प्रेम, जीवन का सबसे पवित्र और गहन अनुभव है। यह न केवल दिलों को जोड़ता है बल्कि आत्मा को भी स्पर्श करता है। "तेरे मेरे दरमियाँ" इसी प्रेम की उन अनकही दास्तानों और अनसुने एहसासों का संग्रह है, जिन्हें शब्दों में बाँधने की एक विनम्र कोशिश की गई है।

इन कविताओं में कहीं प्रतीक्षा की लम्बी साँसें हैं, तो कहीं मिलन की मधुर ध्वनियाँ। कहीं बिछड़ने की पीड़ा है, तो कहीं अनंत समर्पण की गहराई। हर कविता प्रेम के अलग–अलग रूप को उजागर करती है– कभी मासूम, कभी गम्भीर, कभी अधूरी और कभी संपूर्ण।

यह संग्रह पाठकों को केवल पढ़ने के लिए नहीं, बल्कि महसूस करने के लिए आमंत्रित करता है। यह उन सभी हृदयों को समर्पित है जिन्होंने प्रेम को जिया है, चाहे वह संयोग में रहा हो या विरह में।

मेरी यही आशा है कि "तेरे मेरे दरमियाँ" की ये कविताएँ आपके मन के उस कोने को छू जाएँ, जहाँ प्रेम अपनी सबसे सच्ची छवि में साँस लेता है।

Acknowledgements

इन कविताओं की हर पंक्ति में,
कहीं न कहीं तुम्हारा स्पर्श है,
परिवार का अटूट स्नेह है,
मित्रों की मुस्कान और विश्वास है।

ये शब्द अकेले मेरे नहीं,
ये तो उन सबके हैं
जिन्होंने मुझे प्रेम को जीना सिखाया,
और हर भावना को शब्दों में ढालने की ताक़त दी।

मेरे पाठकों, आपके बिना यह संग्रह अधूरा है।
आपकी आँखों में उतरकर ही
ये कविताएँ साँस लेंगी,
आपके दिल में बसकर ही
इनका अर्थ पूरा होगा।

और अंत में, उस अनदेखे सृजनहार को नमन,
जिसने प्रेम का बीज मन में बोया,
और उसे कविताओं के रूप में खिला दिया।

"तेरे मेरे दरमियाँ"–
शब्दों में ढली धडकनों की सरगम.......
यही प्रेम की सबसे सच्ची पहचान है।

1. "तुम मेरे साथ हो"

पता नहीं तुममें ऐसा क्या है...
ना कोई शोर, ना कोई आवाज़ थी,
पर दिल ने तुम्हारे नाम की धुन पकड़ ली –
जैसे सदियों से तुमसे ही कोई वादा था।

तुम्हें देखा नहीं किसी तस्वीर की तरह,
ना ही किसी ख़्वाब में सजाया,
फिर भी जब तुम सामने आए,
तो लगा – "मैं तो यहीं थी... बस तुम्हारे इंतज़ार में।"

मोहब्बत कोई मंजर नहीं था हमारे बीच,
ना पहली मुलाक़ात ने कोई जादू रचाया,
ना ही कोई बारिश, ना गुलाबों की ख़ुशबू –
बस तुम, और तुम्हारी खामोशियाँ...
जो मेरी सोचों में उतरती रहीं...
धीरे-धीरे, गहराई से, मेरी रूह तक।

कभी लगता था –

तुम बिन भी जी सकती हूं शायद,
पर जब खुद से पूछा –
"क्या वो जीना होगा जिसमें तुम न हो?"
तो जवाब आया – नहीं... बिल्कुल नहीं।

अब जब तुम मेरी रगों में बहते हो,
हर सांस में, हर लम्हे में शामिल हो –
तो कहीं भी, किसी भी हाल में जी सकती हूं,
क्योंकि तुम मेरे साथ हो... हर वक़्त, हर रूप में।

तुम अब कोई शख़्स नहीं,
एक एहसास हो,
जो हर दुआ में है,
हर कविता में, हर ख़ामोशी में...
मेरे साथ हो।

2. "एक अधूरा पूरा रिश्ता"

"एक अधूरा पूरा रिश्ता"

हमने कभी कुछ माँगा नहीं,
न उसने कुछ दिया –
बस कुछ पल थे,
जो चुपचाप हमारे बीच
बैठे रहे, बिना कोई सवाल किए।

ना कोई तोहफ़ा,
ना यादों का कोई हिसाब,
बस वो थोड़ा मेरे पास रहा,
मैं थोड़ी उसके पास रही।

हमारे पास कुछ नहीं था
एक-दूसरे को लौटाने को,
सिवा एक-दूसरे के।

कोई नाम नहीं था इस रिश्ते का,
ना ही कोई मंज़िल तय थी,
फिर भी हर मोड़ पर

वो मेरे साथ चला,
और मैं उसके साए में चली।

हमने कभी "अलविदा" नहीं कहा
शायद कहना आता ही नहीं था,
क्योंकि जो कभी गया ही नहीं,
उसे विदा कैसे देते?

ये मोहब्बत नहीं थी,
शायद उससे कहीं ज़्यादा थी
बिना वादे, बिना इकरार,
एक ख़ामोश रज़ामंदी,
एक अधूरा, पूरा रिश्ता।

3. "वो एक झलक"

बहुत अर्से बाद...
आज जब तुम्हें देखा
दिल की धड़कनें
अचानक तेज़ हो गईं,
जैसे रुके हुए पलों को
किसी ने फिर से सांस दे दी हो।

एक लम्हा था वो...
मगर उसमें छुपे थे
सालों के जज़्बात,
बिखरी मुस्कानें,
अधूरी बातचीतें,
और वो सब कुछ
जो कभी कहा ही नहीं गया।

तुम्हारी आँखों में
आज भी वही उजाला था,
जिसने कभी मेरे ख्वाबों को
रौशन किया था।

मैं ठिठकी...
नज़रें मिलीं...
और पलकों के बीच
एक पूरी कहानी
दुबारा जी ली मैंने।

ना तुम कुछ बोले,
ना मैं कुछ कह पाई,
मगर उस खामोशी में
हर वो बात थी
जो कभी अधूरी रह गई थी।

बहुत अर्से बाद
तुम्हें देखकर जाना–
कि कुछ अहसास
वक़्त की गिरफ़्त में
कभी पुराने नहीं होते,
वो बस कहीं भीतर
चुपचाप धड़कते रहते हैं,
हमेशा की तरह।

4. "शब्दों की डोर"

मेरे शब्दों की डोर को
पकड़कर देखो ज़रा,
हर धागा, हर सिरा
किसी न किसी रूप में
तुम तक ही पहुंचता है।

कभी ख़ामोशियों की ओट से
एक सिसकी बन कर,
कभी हवा में बिखरी
मेरे दिल की सदा बनकर,
कभी कविता के पन्नों पर
बस तुम्हारा ही नाम लिखता है।

मैं कहती हूं बहुत कुछ,
पर सुनाई देता है सिर्फ़ वही
जो तुमसे जुड़ा है—
हर मिसरा, हर बिम्ब,
तुम्हारे एहसास की परछाईं लिए।

मैं कभी शिकायत नहीं करती,
बस शब्दों में उलझती हूं,
उन्हीं में ढूंढती हूं तुम्हारा चेहरा,
तुम्हारी मुस्कान,
तुम्हारा वो मौन जो सबसे अधिक बोलता था।

तुम दूर हो,
मगर हर पंक्ति में मौजूद हो–
कभी विराम की तरह,
कभी प्रतीक्षा की तरह।

मेरे लिए ये शब्द
सिर्फ़ रचनाएं नहीं हैं,
ये वो डोर हैं
जिसके हर छोर पर
बस तुम ही हो–
और कोई नहीं।

5. "प्रेम की परिभाषा"

"प्रेम की परिभाषा"

अब कुछ कहने की चाह नहीं,
न कोई शिकायत बाकी है,
तुम थे, गए, मैं भी चल पड़ी,
बस अब खुद से ही साकी हूं।

ना लौटूँगी, न पुकारूँगी,
जो टूट गया, वो जोड़ न पाऊंगी,
मगर जो बचा है भीतर मुझमें,
उसे अब खुद ही संवारूंगी।

हां, कोई कोना टूटा है दिल का,
पर समेटा है उसे मुस्कान में,
प्रेम अब परिभाषा है मेरी,
नहीं बंधा किसी पहचान में।

प्रेम– वो जो तुझसे था,
प्रेम–वो जो मेरा समर्पण था,
जो रग-रग में बहता है अब भी,

बिन किसी नाम, बिन अपेक्षा के।

वो आएगा कभी टीस बनकर,
कभी ख्वाबों में मुस्कान बन,
कभी भीड़ में सन्नाटा बन,
कभी लोरी सा मधुर साज़ बन।

अब प्रेम मेरा, और सिर्फ़ मेरा है,
न उसमें तेरा हिस्सा बाकी,
क्यूंकि तुम अब श्रद्धेय नहीं,
बस एक धुंधली सी याद बाकी।

मैं प्रेम में हूं, और रहूंगी सदा,
उस प्रेम में जो मुझमें बसता है,
जो हर सांस के साथ जीवित है,
जो मेरे अंतर्मन का पथदर्शक है।

इन लफ़्ज़ों में बस यही बात है,
प्रेम अमर है... पर तू अब अतीत मात्र है।

6. "इश्क कभी एकदम से नहीं होता"

,❤

वो कंधे पे तेरे,
मेरे सर का रक़ना...
बिना कहे ही हर बात कह देना...
शायद इश्क़ की शुरुआत वहीं से हुई थी।

ना कोई इज़हार,
ना कोई वादा...
बस एक लंबी ख़ामोशी में
हम दोनों का ढल जाना...

तू कुछ बोले बिना
मेरे डर समझ जाता,
मैं भी तेरी आँखों से
तेरा हाल पढ़ लेती थी...

वो बारिश में साथ भीगना,
वो छत पे देर तक चुप बैठे रहना,
तू हाथ पकड़े रहे बस यूँ ही –

बिना वजह, बिना मंज़िल...

कभी-कभी सोचती हूँ,
कौन-सा लम्हा था वो
जहाँ दोस्ती ने इश्क़ का लिबास पहन लिया?

शायद...
वहीं जब तुमने
मेरे भीगे बालों को पीछे किया था,
या जब मैं तुम्हारे गीले रूमाल से
तुम्हारा चेहरा पोछती रही...

इश्क़ कभी एकदम से नहीं होता,
वो क़तरा-क़तरा उतरता है रूह में...
और हम महसूस तक नहीं करते
कि हम डूब चुके हैं।

7. "तुम्हीं को चाहा..."

तुम्हीं को चाहा, तुम्हीं को पूजा,
हर सांस में तेरा नाम लिया।
तू समझ न सका जो मेरी वफा,
हर मोड़ पे तुझको याद किया।

ख़ुदा है गवाह इस प्यार का,
मैंने रूह से तुझसे प्यार किया।
ज़माना भले ना माने इसे,
तेरे ही ख्याल में जीवन जिया।

मेरी तन्हाइयों ने तुझको पुकारा,
तेरे ही लिए हर आंसू गिरा।
तू खुद से भी छुपा बैठा रहा,
मैंने तो खुद को तुझमें भुला दिया।

तेरे इंकार में भी एक इकरार था,
जो तू ना कह सका, मैंने समझ लिया।
तू खुदा ना सही, मेरी आरज़ू तो है,

जिसे हर पल सजदे में रखा किया।

तेरी तस्वीर सीने से लगाई मैंने,
हर धड़कन में तुझको ही समाई मैंने।

तू रहा दूर मगर दिल के करीब बहुत,
तेरे बिन भी तन्हाई में रौशनी पाई मैंने।

8. "तुम संग प्रीत निभाने को"

छोड़ दिया था ये जग सारा,
तुम संग प्रीत निभाने को।
हर रिश्ते को पीछे छोड़ा,
तेरे नाम को अपनाने को।

ज़माने की रीतें तोड़ीं,
हर उलझन से दिल न डोला,
तू ही था मेरे हर सपने में,
तू ही था बस अपनाने को।

तेरे एक इशारे पर
बदल दिए थे रास्ते मैंने,
अपनी हर ख़ुशी लुटा दी
तेरे होंठों की मुस्कानों पर।

पर तुम... खामोश रहे हरदम,
ना साथ दिया, ना नाम लिया,
थामा न मेरा हाथ कभी

मुझ संग प्रीत निभाने को।

क्या कभी तुमने सोचा भी,
किस क़दर टूटा होगा दिल मेरा?
क्या मेरी वफ़ा में कोई कमी थी,
या कम थे हम चाहने को?

अब भी दिल तन्हा बैठा है,
तेरे वादों की छाँव तले,
अब भी उम्मीदें बाकी हैं
तेरे लौट के आने को।

ताशा आज भी यह समझ न पाई,
क्यों हो गई उसकी प्रीत पराई।
आज फिर तेरी याद आई,
बीते दिनों की परछाई।

9. "लहु के कतरे-कतरे में है तू"

लहु के कतरे-कतरे में है तू,
मेरी रग-रग में बसे हैं जज़्बात तू।
पूछा किसी ने, कितना है प्यार तुझसे,
कहा—मरने के बाद भी रहेगा साथ तू।

तेरी यादें साँसों में घुली हैं ऐसे,
जैसे हर साँस में बोलता हो बात तू।

छीन ले मुझसे ज़िंदगी कोई भी अगर,
दिल में धड़कता रहेगा ख़यालात तू।

रातें तन्हा नहीं, तेरी आहटें हैं पास,
नींद में भी बन जाता है मेरे ख़्वाब तू।

हमने चाहा तुझको उस अंदाज़ से,
न हो सका कोई और तुझसे ज़्यादा हयात तू ।

10. "पहला एहसास"

🖤🖤

सबसे नज़रें चुराकर,
क्या वो गालों पे रंग लगाना –
होली थी... या
तू बस बहाने से छूना चाहता था ? 😊

किसी बहाने से
मुझे अपने घर ले आना,
चाय बनवाना, फिर कहना,
"अरे, तुम्हारा पसंदीदा बिस्किट तो यहीं है..."
क्या ये सब इत्तिफ़ाक़ था...
या तू मुझे अपना कहने की कोशिश कर रहा था ? 🙂

🛵 पुरानी स्कूटर पर
बेवजह शहर भर घुमाना –
क्या सच में रास्ता खो गया था,
या तू चाहता था
कि रास्ता कभी ख़त्म ही न हो ?

और वो,

जब दूसरों के हाथों
मुझे तोहफ़े भेजता था...🎁
साथ में एक चुप सी चिट्ठी –
"किसी ने कहा था तुम्हें ये पसंद है..."
कौन था वो "किसी" **?**
क्यूँ खुद नहीं दिया कभी **?**

क्या ये सब बस छोटी-छोटी बातें थीं **?**
या वो हर बात,
हर लम्हा,
तेरे दिल की परछाईं थी **?**
आज जब भी वो लम्हे याद आते हैं
तेरी यादों को साथ लाते हैं **!**

11. "पहला प्यार... तेरा था क्या?"

तू जो मिला था, फिर गया क्यों दूर यूँ?
पहला ही लम्हा था, मगर क्यों हुआ चूर यूँ?

क्यूँ तेरे लफ़्ज़ों में नर्मी तो थी,
फिर हर जवाब तेरा था क्यूँ मगरूर यूँ?

क्या मैंने पूछा था तुझसे जहाँ?
क्यूँ तू बना मेरा, फिर क्यों हुआ इतना मजबूर यूँ?

तेरे ही वादों में नींदें गईं थीं,
अब वो ख़याल आते हैं बेसकून यूँ।

क्या तुझको एहसास कभी हो सका?
'ताशा' ने चाहा था तुझको भरपूर यूँ।

अब ये सवालों की रातें हैं बाक़ी,
क्या पहला प्यार था... या था तेरा फ़ितूर यूँ?

12. 'प्रेम जो तुमने दिया माँ'

प्रेम जो तुमने दिया माँ,
वो न व्यर्थ जाएगा,
लहू बनकर वो रगों में
नित्यम् बहता जाएगा।

तेरे स्पर्श की ऊष्मा से
जीवन होगा उजियारा,
तेरी दुआओं का आशीष
हर दुख का होगा सहारा ।

तेरे आँचल की खुशबू
सदा मन में महकेगी,
तेरे शब्दों की शिक्षा
हर राह हमें दिखेगी।

माँ, तू शक्ति का स्त्रोत है,
ममता का दरिया गहरा,
तेरे बिना अधूरी मैं–
तेरे संग सब है सवेरा।

प्रेम जो तुमने दिया ,
अनमोल धरोहर है वो,
आत्मा तक में गूँज रहा
जीवन का सुरम्य स्वर वो।

13. "चेहरा – हक़ीक़त की किताब"

चेहरा...
हक़ीक़त बयाँ करता है,
चाहे हम कितने भी रंग चढ़ा लें,
कितने भी नक़ाब पहन लें।

आँखों के कोनों में छुपी थकान,
होंठों की हल्की-सी काँप,
माथे पर लकीरों का सिलसिला–
सब बोलते हैं...
बिना आवाज़ के, बिना इज़ाज़त के।

चेहरा कभी झूठ नहीं बोलता,
बस लोग उसकी कहानी पढ़ना नहीं जानते।

कभी इसमें मोहब्बत की रौशनी होती है,
तो कभी ग़म का साया,
और कभी...

दोनों एक साथ,
जैसे बरसात में भीगा हुआ चाँद।

चेहरा...
हमारी उम्र का आईना नहीं,
हमारे सफ़र का नक़्शा है।

14. "तेरे मेरे दरमियाँ"

तेरे मेरे दरमियाँ
एक अनकहा सा फ़ासला है,
जिसे न तुमने मिटाया,
न मैंने पार किया।

ये फ़ासला – कभी ख़्वाबों की तरह
नर्म और मुलायम लगता है,
तो कभी सच की तरह
कठोर और चुभता है।

तेरी आँखों में जो बात है,
वो मेरे होंठों तक आते-आते
रुक जाती है,
और मेरे दिल के सारे जज़्बात
तेरे दिल तक जाते-जाते
कहीं खो जाते हैं।

शायद,
हमारे दरमियाँ ये दूरी
न नफ़रत है, न मोहब्बत की कमी –

बल्कि एक ऐसी खामोशी है
जो हमें जोड़कर भी अलग रखती है।

15. "समय से परे"

कदाचित...
हमारा मिलना सिर्फ़ एक संयोग नहीं,
बल्कि नियति का वो कोमल भ्रम था –
जो कुछ पल के लिए
हमें साथ लाया, फिर
धीरे से दो राहों में बाँट गया।

वो पन्ने जहाँ हम थे साथ-साथ,
अब यादों की सिलवटों में छिपे हैं,
और हम –
अलग-अलग अध्यायों में लिखे किरदार,
मगर अब भी एक ही कहानी की धड़कन हैं।

कभी-कभी लगता है,
हमें साथ चलने की नहीं,
बल्कि एक-दूसरे को दूर से चाहने की क़सम दी गई थी।
हमारे मौन में भी वो आवाज़ है,
जो सिर्फ़ दिल सुनते हैं –
जो वक़्त नहीं छीन सकता।

प्रेम,
कभी सीमाओं का मोहताज नहीं होता –
न दूरी का, न मौन का,
न ही किसी अधूरी कहानी का।

हम तुम शायद साथ नहीं हैं,
पर उस "हमें" का एहसास,
हर दिन... हर साँस...
आज भी ज़िंदा है।

16. "वो पहली बारिश..."

वो पहली बारिश जब हम साथ थे... क्या याद है तुम्हें?
हर बात भीगी थी, हर जज़्बात भीगे थे... क्या याद है तुम्हें?

कोई नहीं साथ , बस तेरी मुस्कान की ओट थी,
बूँदों के बीच हम बेहद पास थे... क्या याद है तुम्हें?

तेरा थामना मेरा भीगा हुआ हाथ धीरे से,
वो ख़ामोशियाँ जो अल्फ़ाज़ थे... क्या याद है तुम्हें?

मिट्टी की ख़ुशबू में घुला था दिल भी हमारा ,
वो शाम, वो रास्ते, वो जज़्बात थे... क्या याद है तुम्हें?

अब भी बरसता है , दिल के कोनों में चुपके से,
वो पहली बारिश, वो एहसास , वो जज़्बात
जो बह गए कई बारिशों में.....
... क्या अब भी याद है तुम्हें?

17. "बूँदों का अमृत"

प्रकृति की सुंदरता यूँ तो हर रोज़ निखरती है,
पर जब घटाएँ घिरती हैं, वो और भी संवरती है।

बादल जब झूमते हैं नभ के विशाल आँचल में,
हर पत्ता, हर कली नाच उठती है इस पहल में।

बूँदें जब अमृत बन कर ज़मीं पे उतरती हैं,
सूखी रूहों की प्यास जैसे पल में ही मिटती है।

मिट्टी की वो सोंधी ख़ुशबू दिल को छू जाती है,
हर एक साँस में जैसे कोई दुआ समा जाती है।

झीलों में उफान, नदियों में संगीत सा बहता है,
हर कोना हर दिशा, एक नया गीत कहता है।

इंद्रधनुष की मुस्कान जब गगन पर सजती है,
लगता है जैसे धरती स्वर्ग से भी सजी है।

ऐसी होती है बारिश –
सिर्फ़ पानी नहीं, एक एहसास लहराता है,
प्रकृति के आँचल में प्यार बरसाता है।

18. "तुझसे बढ़कर कौन?"

जिस तरह मैंने तुझको चाहा है,
कोई और चाहे तो भूल जा मुझको।

हर दुआ में तेरा ही नाम माँगा,
अब न हो शामिल तो भूल जा मुझको।

तेरे लब पर जो औरों का ज़िक्र हो,
इस सज़ा में भी तू भूल जा मुझको।

तू जिए हँस के मेरी रुख़्सती पर,
इस जनाज़े पे भी भूल जा मुझको।

मैं तो अब भी तुझी में गुम हूँ "ताशा",
तू चाहे जब, बस भूल जा मुझको।
तेरे बाद किसी को दिल न दिया,
गर ये खता हो तो भूल जा मुझको।

तेरी यादों से रिश्ता तोड़ न पाया,

ख़्वाब में आओ तो भूल जा मुझको।

तेरे जाने के बाद भी जिंदा हूँ,
ये देख पाओ तो भूल जा मुझको।

मैंने जो तन्हाई से दोस्ती कर ली,
तू हँस के कह दे – "भूल जा मुझको"।

19. "मुझे तुमने कभी समझा ही नहीं..."

मुझे तुमने कभी
समझा ही नहीं –
या शायद समझना चाहा ही नहीं।
मैं लफ़्ज़ों में नहीं थी,
मैं तो उन ख़ामोशियों में थी
जो तुम्हारे सवालों के बाद मेरे होंठों पे आकर ठहर जाती थीं।

मैंने हर बार
अपने जज़्बातों को सलीके से रखा,
ताकि तुम उलझो नहीं –
पर तुमने तो देखा ही नहीं,
बस अपने सन्नाटों को मेरी आवाज़ पर थोप दिया।

मैंने तुम्हारे लिए
हर बार खुद को समझाया,
पर तुमने एक बार भी
मुझे समझने की कोशिश नहीं की।

तुमने कहा,
मैं बदली-बदली सी लगती हूँ –
शायद इसलिए
क्योंकि अब मैं वही नहीं हूँ
जो हर बार टूटकर भी मुस्कुराती थी।

मुझे तुमने कभी समझा ही नहीं,
इसलिए अब
मैंने खुद को तुमसे अलग समझना सीख लिया है।

20. "मरने के बाद"

हम तो इस दुनिया से चल दिए,
बिना अपनी मुश्किलों को हल किए ।
अब जीने में क्या था हमारे लिए,
जब यह जीवन ही ना जी सके तुम्हारे लिए ।
तुमने बहुत देर की हमें समझने में,
जबकि हमने जरा भी ना देर की तुम्हें परखने में ।
हमें हर्ष है कि तुम्हें हमारी चाहत का एहसास तो हुआ,
हमारे जीते जी ना सही बाद तो हुआ ।
जो हम जी के न पा सके,
वह हमें मरने के बाद तो मिला ।
जो पेड़ हमने सींचा था,
उसमें फूल हमारे बाद तो खिला ।
ऐसे किस्से इस दुनिया में क्यों होते हैं ?
प्यार करने वाले ही हर बार क्यों रोते हैं ?
खैर.... हम तो चल दिए ,
अब लौट के ना आएंगे ।
इस जनम न सही ,
अगले जनम,

तुम्हे ही पायेंगे,
तुम्हे ही पायेंगे।

21. "पापा, आप ही मेरी रौशनी"

पापा, आप अब इस दुनिया में नहीं,
फिर भी मेरी धड़कनों में रहते हो कहीं।
हर आँधी , हर मुश्किल में,
हांथ पकड़,पार लगाते हो सही।

आप ही मेरे जीवन का अटूट सहारा,
हर दर्द में दिया हिम्मत से किनारा।
सच और धैर्य की राह दिखाई,
ज्ञान की ज्योति मेरे दिल में जगाई।

रवि नाम को सफल बनाया
हर अंधेरे को विफल बनाया।
आपकी सीख आज भी दीप जला देती है,
गिरते कदमों को थाम कर चला देती है।

आप ही मेरी ताक़त, मेरी पहचान,
आपसे ही जुड़ा है मेरा सम्मान।
भले ही दूर हैं, पर दिल में बसे,

आपकी परछाईं हर पल संग रमे।

मैं हर सफलता पर आपको याद करूँ,
हर प्रार्थना में आपका नाम भरूँ।
पापा, आप ही हो मेरी सबसे बड़ी पूँजी,
आप ही मेरी रौशनी ।

22. " किसी और के लिए"

कोई उतना ही जीवित रहता है,
जितना जीता है किसी और के लिए,
वरना तो साँसों का सिलसिला,
ढलता जाता है इस दौर के लिए।

जो सपने बीते तारों की महफ़िल में,
वो पल हो गए पराये,
पर जो दिन जिए गए औरों की ख़ुशी में,
वही दिल के सबसे अपने कहलाए।

जो अंगारों पर चलकर भी मुस्कुराए,
वो उजियारा बनकर फैलता है,
जो आँधियों में बुझकर भी जलता है,
वो दीपक जन-मन में पलता है।

धरती सुधा से तभी भर जाती है,
जब कोई विष औरों हेतु पिए,
जो काँटों पर चलता है निस्वार्थ,
उसके चरण अमर गीत जिए।

फूलों पर बीते लम्हे बिसर जाते हैं,
लहरों संग सपने बह जाते हैं,
पर काँटों की चुभन जो सह लेता है,
उसके बोल अमर बन जाते हैं।

रीता आँचल भी फूलों-सा महक उठता है,
जब जीवन समर्पित होता किसी और के लिए,
कोई उतना ही जीवित रहता है,
जितना जीता है किसी और के लिए।

23. "बस तुम ही तुम"

तुमसे अलग कुछ और नहीं चाहिए,
ना चाँद, ना तारे, ना दुआओं का सिलसिला,
बस तुम...
थोड़े से तुम,
थोड़ी सी बातों में, ख़ामोशियों में तुम।

ना मोहलतें चाहिए, ना मौके,
ना ही कोई फ़ैसले या सबूत...
सिर्फ़ तुम्हारी मौजूदगी चाहिए,
जिसमें मैं टूटकर भी मुकम्मल रह सकूं।

तुम्हारे लफ़्ज़ों की मिठास,
तुम्हारी आँखों की वो सच्चाई,
मेरी रूह को छू जाती है –
जैसे हर बार पहली बार।

मैं कुछ नहीं माँगती अब,
बस तुम रहो...

थोड़े से तुम,
हर सुबह की धड़कन में, हर रात की तन्हाई में –
सिर्फ तुम ....
तुम ही तुम।

24. "बिना वजह तो नहीं मिले हो तुम "

बिना वजह तो नहीं मिले हो तुम हमसे,
शायद कोई किस्सा अधूरा रह गया होगा,
पिछले जनम की कोई डोर छूट गई होगी,
जो इस जनम फिर हमें बाँधने चली आई है।

तेरी आँखों में जानी-पहचानी सी चमक है,
जैसे पहले भी मैंने इन्हीं नज़रों में
अपना जहाँ देखा हो।

तेरी हँसी की खनक कुछ यूँ लगती है,
मानो समय की राख़ से छनकर
एक पुरानी धुन फिर से लौट आई हो।

शायद वही अधूरा स्पर्श, वही अधूरा वादा,
फिर से मुकम्मल करने को
रूह ने रास्ता ढूँढ लिया है।

इसलिए कहता हूँ—
बिना वजह तो नहीं मिले हो तुम हमसे,

तुम वही कहानी हो
जिसे वक़्त ने आधा छोड़ा था,
और किस्मत ने फिर से आगे लिख दिया है।

25. "प्रेम "

वो सिर्फ़ लफ़्ज़ों का जादूगर नहीं होता,
जो सच्चा प्रेम करता है...
वो हर ख़ामोशी में भी अपना प्यार बुनता है।

वो "कहता" नहीं बार-बार,
पर उसका होना, उसकी नज़रें,
उसका साथ—हर बात कहती है।
बिन बोले, बहुत कुछ बोल जाता है।

वो वादों में नहीं,
निभाने की नज़ाकत में यकीन रखता है,
वो पलकों पे नहीं बैठाता,
पर कांधों पे हर दर्द बाँटता है।

उसके लिए प्यार कोई शो नहीं,
एक मौन व्रत है...
जिसमें हर दिन वो तुम्हारे लिए जीता है।
तुम्हारा मुस्कुराना उसका सकून है,
और तुम्हारा डर, उसकी फ़िक्र।

वो बहानों की ओट में नहीं छुपता,
दूरी नहीं बनाता, उलझन नहीं देता,
बल्कि पास आकर तुम्हारे मन को पढ़ता है,
बिना शब्दों के तुम्हें समझता है।

वो तुम्हें थामे रहता है,
जैसे कोई जड़ थामे ज़मीन,
हर आंधी में, हर सन्नाटे में—
सिर्फ़ तुमसे जुड़ा, बिन शोर के।

क्योंकि उसके लिए प्रेम—
कोई पलभर की तृष्णा नहीं,
बल्कि हर रोज़ की आस्था है।
एक जिम्मेदारी... एक शांत वादा...
जिसे वो हर सांस में निभाता है।
ऐसा प्रेम पाया है हमने,
जो मेरी हर स्वास में महकता है।

26. "पिता"

वो छाँव हैं, जो धूप से बचाते हैं,
वो हाथ हैं, जो गिरने पर थाम जाते हैं।

वो सागर हैं, गहराई जिनकी माप न हो,
ये वो चट्टान हैं, जिनमें कभी दरार न हो।

पिता के त्याग में छुपा है सारा जहाँ,
उनकी खामोशी में मिलता है सबसे बड़ा गान।

पिता की डाँट भी प्यार का ही रूप होती है,
उनकी खामोशियाँ भी दुआओं से भरी होती हैं।

ये वो रौशनी हैं, जो राह दिखाती है,
वो शक्ति हैं, जो गिरकर भी उठाती है।

जीवन की हर खुशी पिता से ही सजती है,
बेटी–बेटे की दुनिया पिता से ही रचती है।

27. "कुछ रिश्ते बस रूह से निभाए जाते हैं"

कुछ रिश्ते इतने प्यारे होते हैं,
कि उनके नाम से ही दिल मुस्कुरा उठता है।
न कोई शिकवा, न कोई गिला...
बस एक खामोश सी चाहत होती है।

वो बातें नहीं करते,
हम भी ख़ुद को रोक लेते हैं,
मगर दोनों की रूह में
एक-दूजे की आहट होती है।

ना मिलने की ज़िद,
ना पास आने की उम्मीद...
फिर भी हर शाम उनके नाम की
एक दुआ ज़रूर होती है।

वो कहीं और, हम कहीं और...
मगर ज़हन में एक ही तस्वीर होती है।
कभी याद बन कर आंखें नम कर जाते हैं,
तो कभी मुस्कुराहट में ढल जाते हैं।

कुछ रिश्ते वक़्त से नहीं बंधते...
वो बस एहसासों से जीते हैं।
और जब भी टूटने लगे सब कुछ,
वही रिश्ता सबसे मज़बूत साबित होता है।

मोहब्बत की कोई शर्त नहीं होती,
कुछ रिश्ते बस रूह से निभाए जाते हैं... बातों से नहीं।

28. "कभी तो मिलोगे..."

कभी तो मिलोगे किसी मोड़ पर,
जहाँ ख़ामोशियाँ भी बोल उठेंगी...
जहाँ धड़कनों की ज़ुबां समझ लोगे,
और मैं, बस तुम्हें महसूस कर लूंगी।

कभी तो थमेगा ये सफ़र मेरा,
तेरे क़दमों के पास आकर...
जहाँ पलकों पे रखा होगा ख़्वाब तेरा,
मैं उसे ओढ़कर सो जाऊंगी।

कभी तो थमेगी ये सांसें मेरी,
तुझमें खुद को पा जाने को...
तेरे सीने की हर धड़कन से
अपने नाम का साज़ सुनने को।

ना अल्फ़ाज़ होंगे,
ना कोई सवाल...
बस तुम सामने होंगे

और मेरी चुप्पी की आवाज़।

कभी तो...
जब हम मिलेंगे,
अगर हम मिले...
वो लम्हा, उम्र बन जाएगा –
और हम...
किसी फ़साने की तरह जी उठेंगे।

29. "पहला स्पर्श"

वो तुम्हारा पहला स्पर्श,
जिसने रूह को छू लिया –
जैसे सदियों से बिछड़ी रौशनी
अचानक लौट आई हो हथेलियों में।

ना कोई वादा था,
ना कोई आवाज़...
बस ख़ामोशी के बीच
एक लम्हा था –
जो बोल उठा,
जो धड़क उठा
और फिर कभी रुका ही नहीं।

उस दिन,
हवा ने कुछ और ही दस्तान सुनाई थी,
और मेरे चारों ओर
तुम्हारी साँसों की गर्मी
एक चुप्प सी धूप बनकर

उतर आई थी।

तब से –
हर ख़ुशी, हर उदासी
उस एक स्पर्श से पूछ कर आती है,
कि क्या वो लम्हा अब भी वहीं है,
जहाँ रूह पहली बार मुस्कुराई थी।

तुमने शायद यूँ ही
छू लिया था मुझे –
पर मैं वहीं ठहर गई,
एक नर्म अहसास बनकर
तुम्हारी उंगलियों की स्मृति में।

30. "इश्क़"

वो कंधे पे तेरे,
मेरे सर का रख़ना...
बिना कहे ही हर बात कह देना...
शायद इश्क़ की शुरुआत वहीं से हुई थी।

ना कोई इज़हार,
ना कोई वादा...
बस एक लंबी ख़ामोशी में
हम दोनों का ढल जाना...

तू कुछ बोले बिना
मेरे डर समझ जाता,
मैं भी तेरी आँखों से
तेरा हाल पढ़ लेती थी...

वो बारिश में साथ भीगना,
वो छत पे देर तक चुप बैठे रहना,
तू हाथ पकड़े रहे बस यूँ ही –
बिना वजह, बिना मंज़िल...

कभी-कभी सोचती हूँ,
कौन-सा लम्हा था वो
जहाँ दोस्ती ने इश्क़ का लिबास पहन लिया?

शायद...
वहीं जब तुमने
मेरे भीगे बालों को पीछे किया था,
या जब मैं तुम्हारे गीले रूमाल से
तुम्हारा चेहरा पोछती रही...

इश्क़ कभी एकदम से नहीं होता,
वो क़तरा-क़तरा उतरता है रूह में...
और हम महसूस तक नहीं करते
कि हम डूब चुके हैं।🖤🖤

31. "मैं कौन हूँ तुम्हारे लिए?"

मैं कौन हूँ तुम्हारे लिए?
एक लम्हा... जो गुज़र गया था?
या कोई नाम... जो कभी लिया नहीं तुमने?

क्या कभी सोचा है?
जब मैं ख़ामोश रहती हूँ,
तो मेरी चुप्पी में कितने सवाल होते हैं?

क्या तुमने कभी देखा है
मेरी मुस्कुराहट के पीछे की थकान?
या वो खामोशियाँ
जो चीख़ बनकर
मेरे भीतर पलती हैं?

क्या तुम्हें एहसास है
कि मैं,
हर रोज़
तुम्हारी एक नज़र की मोहताज हूँ?

तुम्हारे लिए मैं क्या हूँ?
एक आदत?
एक साया?
या बस कोई कहानी
जो बीच में छोड़ दी गई?

क्या कभी ये सवाल पूछा है खुद से...
कि अगर मैं
अचानक
चली जाऊँ तुम्हारी ज़िंदगी से,
तो क्या रह जाएगा तुम्हारे पास?

क्या तब
तुम जानोगे
कि मैं कौन थी...
तुम्हारे लिए?

32. "दिल का सबसे हसीन राज़"

तू मेरे दिल का सबसे पसंदीदा शख़्स है,
तेरे नाम से ही धड़कनों को सुकून मिलता है।

तेरी बातों में कोई जादू सा असर है,
हर लफ़्ज़ जैसे मेरी रूह को छू जाता है।

जब भी तेरा ज़िक्र होता है किसी महफ़िल में,
मेरे होंठों पर बेइख़्तियार मुस्कान आ जाती है।

मैंने कई रिश्ते देखे, कई चेहरे पढ़े हैं,
पर तुझसा सच्चा एहसास कहीं नहीं पाया है।

तेरे बिना भी तू हर वक़्त साथ रहता है,
तेरी यादें मेरी तन्हाइयों में दीप जलाती हैं।

जब थक जाती हूँ इस दुनिया के शोर से,
तेरी यादें मुझे ख़ामोशी में पनाह देती हैं।

ना कोई सवाल, ना कोई हिसाब तुझसे,
बस तेरा वजूद ही मेरी राहत बन जाता है।

33. "एक काश तुम भी हो"

मिरी ज़िंदगी के राज़ में इक राज़ तुम भी हो,
हर एक तसव्वुर की बुझी आवाज़ तुम ही हो।

मिरी ख्वाहिशों की आस में इक आस तुम भी हो,
सजे जो ख्वाब पलकों पर, वो प्यास तुम ही हो।

तुम क्या हो मेरे लिए, ये सवाल अधूरा है,
मगर हर एक जवाब की इक बुनियाद तुम ही हो।

कभी ख़ुशी, कभी ग़म, कभी खामोश रह जाना,
हर एक एहसास की कहीं परछाई तुम ही हो।

जो लफ़्ज़ नहीं कह पाए दिल के अफ़साने में,
उन्हीं चुपियों की सबसे बड़ी बात तुम ही हो।

कहाँ मैं और कहाँ मेरी उलझी ज़िंदगी,
मगर इस ज़िंदगी का एक "काश" तुम भी हो।

34. "जज़्बातों की किताब"

हर सफ़्हा मेरा, इक ख़ामोशी में डूबा है,
ना अल्फ़ाज़ हैं, ना कोई शोर,
बस दिल की धड़कनों की स्याही से
लिखी गई कुछ भूली सी बातें हैं।

तुमने सोचा मुझे समझना आसान होगा,
जैसे कोई खुली किताब हूँ मैं –
मगर मैं वो किताब हूं,
जिसके हर पन्ने पे तहरीर जज़्बातों की है,
जो सिर्फ़ महसूस की जाती है, पढ़ी नहीं जाती।

कभी आँखों की नमी से बयाँ होती हूं,
कभी मुस्कराहट की ओट में छुप जाती हूं।
कभी तन्हा रातों में
दिल की दहलीज़ पर रखी एक दास्तान हूं –
जिसे सिर्फ़ वही पढ़ सकता है
जिसके अपने जज़्बात भी ख़ामोश हों।

मेरे अंदर कोई शेर नहीं,
मगर हर एहसास एक ग़ज़ल है।
मैं ना कह सकूं तो समझ लेना,
मैं जज़्बातों की किताब हूं,
हर अल्फ़ाज़ से कहीं आगे की बात हूं।
हर कोई खोलता है पर समझता नहीं मुझे,
मैं दर्द की वह ज़ुबान हूँ जो लफ्जों में नहीं उतरती।

35. "एक डोर"

एक डोर सी है तेरे मेरे दरमियाँ,
यादों से बँधी है, नाज़ुक सी ये ज़ुबाँ। ❣

छू न सके कोई, तोड़ न पाए वक़्त,
रूहों की क़सम है, ये है बेवजह कहाँ। ❣

तेरी हर बात अब भी दिल में गूंजती,
जैसे ख़ामोशी में हो कोई दास्ताँ। ❣

तस्वीरें धुंधली हो गईं हैं आजकल,
पर तेरी हँसी रखी है दिल की छाँव में वहाँ। ❣

माना कि अब तू नहीं है पास मेरे,
पर तेरी यादें हैं मेरी जान का जहाँ। ❣

36. "रूह का इश्क "

वह इश्क ही क्या
जो किसी चेहरे से हो जाए,
इश्क तो वह है जो रूह में समा जाए ।
लबों पे नाम हो, दिल में बस एक तस्वीर हो,
हर एक सांस उसी के गीत गा जाए ।

न छूने की तमन्ना ,न मिलने का जुनून ,
बस उसकी याद हो और दिल जला जाए ।
जमाना पूछता है, क्यों खामोश रहते हो?
क्या कहे कोई,
इश्क सब कुछ छुपा जाए ।

कहीं से रोशनी आए ना आए, क्या गम,
वह एक चेहरा ही हर रात आंखों में छा जाए ।
लिखती हूं मैं ,और वह मुस्कुरा जाए,
यह कागज भी अब तो,
उसका साया ना बन जाए।

न जाने किस मुकाम तक ले जाए यह दिल,

ये राहे इश्क़ कब क्या मोड़ ला जाए ।
तेरे कलम में कुछ तो बात है,
जो हर मिस्रा किसी का दर्द गा जाए।

37. "मोहब्बत का नशा"

हमने मोहब्बत के नशे में आकर,
उन्हें ख़ुदा बना डाला।
ना शिकवा, ना सवाल कोई,
बस चाहत को दुआ बना डाला।

हर सुबह उनका नाम लिया,
हर रात को यादों से सजाया।
दिल के वीराने में भी हमने,
उनकी रौशनी का दीप जलाया।

वो पास हों या दूर कहीं,
हमारा क्या था, उन्हें पाना कहाँ था?
मोहब्बत में हिसाब नहीं चलता,
हमने हर लम्हा यूँ ही निभा डाला।

कभी किसी पल उदासी आई,
तो उनकी याद ने थामा हाथ।
दिल को सुकून इस बात से मिला,
कि इश्क़ रहा सच्चा हर बात।

वो ख़ुदा ना भी बन पाए,
तो भी कोई मलाल नहीं।
हमने ने तो बस चाहा उन्हें,
और चाहना... कोई गुनाह नहीं।

38. "शिव "

शिव का प्यार है जीवन का आधार,
हर श्वास में छुपा है उनका संसार।
नभ में गूंजता 'ॐ नमः शिवाय',
भक्त का हर कण उनसे मिल जाए।

भस्म से सजी है उनकी काया,
गंगाजल से निर्मल छवि पाया।
चंद्रमा मस्तक पर दमक रहा,
हर अंधकार में प्रकाश झलक रहा।

वो नटराज हैं, सृष्टि के गायक,
हर लय में छुपा है उनका उपकारक।
ध्यान जो साधे, मन निर्मल हो जाए,
शिव का आशीष उसे पथ दिखलाए।

कैलाशपति हैं, योगेश्वर कहलाते,
त्रिपुरारी जग का बोझ उठाते।
करुणा का सागर, दया का आधार,
हर भक्त के संग हैं भोले शंकर।

भक्ति उनकी जब हृदय में बसती,
तो हर पीड़ा में भी शक्ति हँसती।
सांसों में मिलती शांति अपार,
शिव की कृपा से जीवन संवार।

शिव हैं प्रेम, शिव हैं प्रकाश,
शिव से ही जग का हर उल्लास।
जो उनके चरणों में मन को टिकाए,
वो जीवन में अमृतत्व को पाए।

39. "मेरी अर्थी को एक कंधा..."

मेरी अर्थी को एक कंधा तुम्हारा भी मिले,
जो मैं जीते जी न पा सकी, सहारा भी मिले।

ज़िंदगी भर तेरे पास आने को तरसी,
मर के ही सही, कोई इशारा भी मिले।

तेरी नज़रों ने तो देखा ही नहीं मुझको,
अब तो अश्कों से भरा इक नज़ारा भी मिले।

जो दुआ बन के लबों से कभी निकली नहीं,
क्या पता मौत पे वो करारा भी मिले।

तेरे दर पे तो कभी आ न सकी खुल के ,
अब जनाज़े को वहाँ एक किनारा भी मिले।

बस यही आरज़ू है रुख़सत के लम्हों में,
तेरे हाथों से कफ़न का दो किनारा भी मिले।

कभी जो तूने पढ़ा हो दिल की ख़ामोशी को,
तो मेरी चुप्पियों का कोई इज़हारा भी मिले।

तेरा नाम लबों पर आख़िरी साँस तक रहे,
रूह को उस प्यार का नज़ारा भी मिले।

40. "स्नेह"

पाठकों का स्नेह मिले तो,
क़लम भी लगे इतराने।
शब्दों की डोर में मोती,
स्वयं चले मन को सजाने।

हर पंक्ति में छुपी दुआएँ,
हर अक्षर में भाव समाए।
जब सुनने वाला अपनापन दे,
तो कवि का मन भी खिल जाए।

कलम नहीं फिर स्याही लिखती,
हृदय उमड़ता गीत बनाता।
पाठक की आँखों का उजियारा,
लेखक की थकान मिटाता।

जो भाव कहीं खो जाते हैं,
वो स्नेह से स्वर पाते हैं।
पाठक का प्रेम जब साथ हो,
तो शब्द भी अमर हो जाते हैं।

41. "मैं "

मैं थी कहीं खोई हुई
उलझी सी ,थकी सी,
पर भीतर एक दीप जला, रोशनी में ढला सा ।
हर ठोकर ने राह दी ,
हर दर्द ने सिखलाया ,
अंधेरे ने भी मुझको,
खुद से ही मिलवाया।
अब ना कोई शिकवा है,
ना कोई पछतावा।
जो बीत गया वह पाठ था, समय का सच्चा चाव था।
अब मैं खुद की उड़ान हूं,
खुद ही आसमान हूं।
जो कल तक बिखरा था,
आज वह नई पहचान हूं।

www.ingramcontent.com/pod-product-compliance
Lightning Source LLC
LaVergne TN
LVHW080531210926
848481LV00021B/2470
* 9 7 9 8 9 0 0 8 1 1 7 7 2 *